AF358177

CONFESSION

GÉNÉRALE

DE SON ALTESSE SÉRÉNISSIME Mgr. LE COMTE D'ARTOIS,

Déposée, à son arrivée à Madrid, dans le sein du T. R. P. Dom JÉROME, Grand Inquisiteur, & rendue publiquement par les ordres de son Altesse, pour donner à la Nation un témoignage authentique de son repentir.

IMPRIMÉE DANS LES DÉCOMBRES DE LA BASTILLE.

Confiteor Deo & Populo.

A PARIS,

Chez le Secrétaire des commandemens de Monseigneur l'Archevêque de Paris.

Et chez tous les Supérieurs des Communautés, même celle de S. Lazare.

Le 23 Juillet 1789.

CONFESSION
GÉNÉRALE

DE SON ALTESSE SÉRÉNISSIME
Mgr. LE COMTE D'ARTOIS.

LES yeux remplis de larmes que la rage feule faifoit couler, déteftant moins fon infâme conduite que pénétré du regret de n'en pas recueillir le fruit, S. A. S. Monfeigneur le Comte d'Artois arriva à Madrid, après avoir penfé éprouver à Lyon la fureur légitime d'un peuple juftement irrité : tantôt il fe repréfentoit la perte des careffes lubriques de fon illuftre belle-fœur, les emportemens de la Tribade Polignac ; enfuite l'ambition fuccédoit à ce reffouvenir amer ; les réflexions finiftres affiégeoient fon cœur ; & le défefpoir de n'avoir pu confommer fon exécrable forfait, augmentoit l'affreufe fituation de ce coupable prince.

« Eh quoi ! difoit-il, doutant même de fon exiftance, fuis-je bien moi ? quelle révolution ! & quelle en fera la fuite ? C'eft donc en vain que l'amour, cette paffion tyrannique, m'a fait tout entreprendre, adultere & prefque affaffin ; j'ai violé les droits les plus refpectables, ceux de fraternité & d'époux. Ce font les fruits adultérins d'une union réprouvée qui doivent un jour régir la monarchie françoife. Au fond du cœur, méprifant le monftre qui fecondoit mes vues criminelles, j'ai contribué à fes plaifirs, pour me frayer un chemin qui pût me conduire au trône ; un inftant de plus, & la France étoit à moi ; les miniftres m'étoient dévoués, la lâche trahifon me donnoit la moitié des fuffrages ; la force & la violence m'affuroient de l'autre : un Breteuil, un Barentin, parvenus à s'emparer du timon de la monarchie, avoient dépofé dans mon fein le ferment facré d'une odieufe & indigne fidélité. Un inftant, un feul inftant a tout détruit : du faîte des grandeurs, je tombe dans l'aviliffement ; l'horreur & l'exécration font les feuls fentimens que j'infpire, & mon nom déformais ne fera plus que le fignal de la terreur & de l'effroi »

» Quel parti prendre ! divinités infernales ! vous à qui j'ai toujours facrifié, préfidez maintenant à mes idées : ma raifon eft bouleverfée, foyez moi propices, & je vous voue un hommage éternel »

» Mais quel rayon de lumiere vous faites luire à mes yeux, & quel fentiment vous faites naître en mon cœur ! Déjà mon efpoir fe rétablit. O Satan, mon génie tutélaire, non, ce n'eft point en vain que je t'invoque ! D'Artois fera toujours d'Artois, l'ennemi de la nation, & ton fidele fuppôt. »

C'eft ainfi que raifonnoit l'indigne rejeton d'un fang illuftre ; c'eft un Bourbon qui, dans fon cœur, prononce le ferment affreux d'accabler le peuple de fa haine ; & pour l'aider à y réuffir, la politique fuit de la cour françoife & le fuit en Efpagne pour l'infecter de tout fon poifon.

Quel changement & quel affreux tableau d'hypocrifie va nous préfenter S. A. arborant l'étendard de l'humilité, pouffant des foupirs affectés par intervalles, fe frappant la poitrine ; telle eft la maniere que le comte d'Artois, paroiffant fe traîner à peine, emploie pour fe préfenter au tribunal affoibli de l'Inquifition. Son titre, qu'il a tant de fois méconnu, l'honneur de fon nom, dont il s'eft rendu tant de fois indigne, le font parvenir aux pieds de Dom Jérôme, Grand Inquifiteur. Après avoir frappé trois fois la terre de fon front, fuivant l'ufage, humblement baifé le pan de la robe du R. P. hypocrite, d'Artois s'exprime en ces termes :

» O mon pere, organe facré de la Majefté Divine, c'eft à vos genoux que je viens réclamer la miféricorde d'un Dieu dont je redoute le courroux ; pnis-je efpérer d'obtenir quelque grace ? Le nombre de mes iniquités eft fi grand, que j'ai tout lieu de défefpérer du pardon. C'eft en en dépofant le fardeau dans votre fein, que je vous fupplierai d'employer auprès de lui votre interceffion : ce n'eft pas feulement le cri de ma confcience qui m'affaille, c'eft encore les gémiffemens d'un peuple que j'ai rendu malheureux. Artifan de fon infortune, fa mifere eft mon ouvrage. J'ai égaré le plus tendre des freres, un roi vertueux ; j'ai fait un monarque foible ; j'ai aveuglé toute une nation fur fes qualités royales, & la deftruction totale du royaume étoit le vœu de mon cœur ; j'en aurois fans doute vu l'accompliffement, fi l'Être fuprême n'avoit regardé les François en pitié. »

» Daignez donc, ô mon pere, me réconcilier avec moi-même ! L'énormité de mon crime m'a rendu vil à mes propres yeux ; la naiffance, le rang devoient me rendre l'exemple de l'univers ; la baffeffe de ma conduite m'en a rendu l'opprobre. »

Le Religieux, trompé par cette douleur apparente & les démonftrations de ce faux repentir, entreprit de confoler fon Alteffe, en lui difant : » efpérez, efpérez tout, mon fils, de la grace divine ; fi la voix publique condamne avec raifon le tiffu d'abominations que vous avez commifes, l'aveu que vous allez en faire, la pénitence que le Très-Haut vous impofera par mon miniftere, fera le fondement de votre retour à la vertu, & le premier acte de votre réfignation à fa juftice : defcendez dans votre cœur, & courbez-vous devant l'image de votre Dieu ».

On preffent bien que ce commandement propageoit la rage dans le cœur de fon Alteffe. Toute a terre connoît l'orgueil de ce prince, & il ne falloit pas moins que la néceffité pour qu'il s'y foumît. La néceffité, cette loi impérieure, lui crioit aux oreilles : *Superbe, humilie-toi.* Tout le détermina à embraffer ce parti. Après donc quelques momens d'un feint anéantiffement, fon Alteffe, pouffant des foupirs, fit au Grand Inquifiteur la confeffion des atrocités qui le rendront à jamais l'objet du mépris & de la haine.

» Non feulement, mon révérend pere, je vais, par ma fincérité, chercher à regagner les faveurs céleftes, mais encore je veux que mon repentir foit public, & dévoiler à la nation, que j'accablois d'outrages, les forfaits que je vais dépofer dans votre fein. Puiffe un peuple qui me détefte, avec raifon, oublier en partie que je fuis le principe de fon défaftre, & ne me pas facrifier à fa vengeance, en voyant les larmes de fang que le remords me fait verfer » !

» Je glisserai rapidement sur mes premieres années. L'éducation des princes, si brillante en apparence, mais vicieuse en tous ses points, fut la base de ma conduite : un caractere méchant, féroce même, annonçoit déjà, dans mon enfance, à la nation françoise, que serois son oppresseur ».

» Tout favorisoit alors le penchant décidé qui me portoit au mal. La mort de Louis XV, l'élevation de mon frere aîné, sa bonté naturelle, qui éloignoit de son ame le soupçon du crime, sa constance, sa sécurité, les acclamations, les éloges de son peuple, l'assuroient de la félicité publique ; il la croyoit éternelle. Hélas ! quelle étoit son erreur ! il ignoroit que les princes de son sang, son frere même, son propre frere, que tout devoit rendre les protecteurs chéris de la nation, travailloient sourdement à sa destruction ».

» Ce fut du moment que la dissipation & les excessives prodigalités penserent épuiser l'immensité de mes moyens, que je m'égarai, me perdis ; l'injustice me domina ; la soif brûlante des richesses vint me tourmenter ; je n'y pus résister, & rien ne put réprimer les concussions que je mis en usage pour augmenter mes revenus. Je tyrannisai mes vassaux : insensible à leurs peines, à leurs fatigues, je les rançonnai sans pitié, & le plus souvent je sacrifiai au hasard du jeu, ou à la vîtesse d'un cheval anglois, ce fruit de la rapine & de la vexation ».

» Non, jamais je ne puis me rendre assez coupable, ô mon pere ! il faut, que dis-je, il faut ? l'honneur que j'outrageai, la religion que je méprisai, la douleur que je ressens, tous ces justes motifs me font un devoir, me contraignent à vous accufer quelle étoit alors la noircëur de mon ame & l'indignité de mes fentimens. Oui, mon pere, c'étoit peu pour mon lâche cœur d'opprimer ainfi l'infortuné ; le plus pur de fon fang fuffifoit à peine pour étancher la foif cruelle dont j'étois dévoré. Promenant fur le trône des regards envieux, je maudiffois le deftin de m'avoir fait naître le plus jeune de mes freres ; je l'accufai d'injuftice : dès ce moment je vouai à mon frere, à mon roi, une haine dont il ne tarda pas à éprouver les barbares effets.

» Je m'appliquai férieufement à connoître fur quel fondement un Monarque établiffoit fa grandeur ; je reconnus qu'elle étoit fixée fur l'équilibre, & que peu de chofe fuffiroit à la lui faire perdre. La tendreffe du peuple l'avoit toujours maintenue : je travaillai à l'anéantir, & j'y parvins. Les infâmes agens que je produifis au miniftere fervirent mes complots, & le meilleur des Rois, féduit, égaré, perdit par degrés l'amour du François. O mon pere ! tels furent les premiers pas que je fis dans la carriere du crime ».

» L'état affreux de la France eft mon ouvrage. Je vous l'accufe : j'avois médité fa ruine, & fa perte étoit l'aliment qui nourriffoit mon ambition. Les confeils & les fages repréfentations d'une époufe vertueufe ne mirent pas de frein à ma rage effrénée ; elle ne fit qu'allumer mon reffentiment ; je l'accablai d'outrages, & le moins déteftable que je lui fis effuyer, fut celui de lui affocier les plus vilaines catins & les plus lubriques courtifanes de ce fiecle ».

« Sortant de fes bras, où le caprice me ramenoit par fois, je ne laiffai jamais fubfifter au-

cun doute fur mon intention , & ne lui diffimu-
lois que le devoir , ni le fentiment n'avoient
aucune part à mes careffes. Je pouffai la barbarie
jufqu'à l'inftruire de mes déréglemens. J'affichai la
dépravation fans avoir la politique de voiler mes
débordemens ».

« Violemment incommodé *d'une indigeftion de
bifcuits de Savoie* (1) , je vais , difois-je à mon
cocher , *prendre du thé à Paris*. La Duthé , cette
infâme créature , cette exécrable meffaline fortie
de la fange des plus fales B........ de la capitale ,
devint mon idole & l'objet de mon culte & de
mes hommages. Je les lui offris en public , & bra-
vant infolemment le cenfure de mon roi , l'indignation d'un peuple que je méprifois , je
forçai ceux qui étoient fous ma dépendance à
plier le genou devant l'odieufe proftituée que
j'adorois ».

» O mon digne & très-révérend pere , comment ,
fans mourir de honte , vous faire le détail de mes
courfes nocturnes , les orgies fcandaleufes que j'y
commettois , les rifques que j'y courus ? Compro-
mis dans les plus noirs taudions , avec les fcélérats & le rebut de la populace , un prince du
fang royal , un frere du roi , mangeoit , buvoit
familiérement avec cette race abjecte , & m'affimi-
lant avec eux de cette forte , je ne rougiffois pas
de me déclarer leur confrere. & leur appui ».

» Un mal affreux germa dans mon fein : ce

---

(1) Jeu de mots fur Marie-Therefe de Savoie , comteffe
d'Artois , & la Duthé , P..... fi renommée , dont le fafte
écrafoit celui de la majefté royale.

noir poifon, diftillé par le libertinage, penfa de devenir funefte à ma digne & adorable époufe. Alors je ceffai de fréquenter ces obfcurs & dé-goûtans repaires, fans cependant en devenir plus fage, & je préfentai de nouveaux vœux à la proftitution ».

» Contat, cette volage actrice, dont la re-nommée publioit les charmans attraits, enflamma mon cœur de la paffion la plus vive ; & fans m'ar-rêter à l'indigne fource dont elle eft fortie (1), fans aucune confidération pour fou état, fi incom-patible avec mon rang & mon nom, je m'étour-dis fur la baffeffe dont je me rendois coupable ; je bravai la clameur publique fur le tableau fin-cere de fes abominables mœurs ; je fis de Contat ma divinité ».

» C'eft dans les embraffemens de cette prê-treffe de Priape, que j'épuifai tous les refforts de la fauffe volupté : pour me plaire, elle me dévoila tous les fecrets de l'Aretin, dont la pratique m'a depuis toujours été chere. Je m'énervai par la brutalité de mes révoltans tranfports, & je n'avois plus pour la célefte compagne que le ciel m'avoit donné, que la froideur la plus infultante ».

» *Bagatelle*, ce charmant afyle de la débau-che, devint le fanctuaire de la molleffe & du liber-tinage : mes complaifans & délicats pourvoyeurs fourniffoient tous les jours ce temple de nouvelles

---

(1) La Contat eft fille d'une revendeufe de fruits & d'un Mouchard de Robe-courte. Son frere, facripant de la premiere claffe, exerce encore cette honorable fonction, & cette héroïne de couliffe eft fans contredit l'actrice la plus déréglée de tous les théâtres.

déeffes ; j'y promenois des regards languiffans, mes fens émouffés par les jouiffances de tous genres que je m'étois procurées, ne fe ranimoient qu'à peine ; il falloit les exciter par l'attrait piquant de la nouveauté ; c'eft ce que je fis ».

« J'ofai jetter un œil profane fur madame la ducheffe de Bourbon : ce fecret inconnu jufqu'alors me couvre encore de honte & de confufion : mon aveu coupable irrita fa vertu. Défefpéré de ce refus, je l'infultai, & tout Paris fut témoin de la vengeance de fon époux ; j'y fis remarquer la lâcheté dont mon cœur eft fufceptible ; & je fis connoître à la nation françoife combien je me fouciois peu de démentir & déshonorer un fang illuftre ».

« Malgré la politique dont je me fervois, l'infâmie de ma conduite commençoit à perçer ; l'indignation foulevoit les efprits ; les épigrammes fanglantes & méritées m'étoient adreffées de toutes parts : je m'éloignai, & Gibraltar fut le théâtre que je choifis pour me fignaler par de nouveaux exploits ».

« Vous les connoiffez, ô mon pere ! l'adulation me couronna des lauriers, & la vérité me les arracha ! hué, fifflé de tous les vrais braves, guerrier fans gloire, frere fans amitié, pere fans naturel, époux ingrat, citoyen perfide, prince fans délicateffe, il ne manquoit à tous ces titres, qui m'étoient diftribués par toutes les bouches & les cœurs de la capitale, que celui de lâche patriote. Avec juftice on me le décerna. Aujourd'hui profcrit, rejetté de mon augufte famille, le peuple a mis ma tête à prix ; eût-elle tombé fous fon glaive vengeur, & mon cadavre fouillé par la pouffiere

& foulé aux pieds, privé de sépulture, je n'aurois
que foiblement expié mes forfaits ».

« A mesure que je perdois l'estime & la con-
fiance publique, la rage s'accrut dans mon ame,
le nom françois me devint odieux ; j'abhorrois
son existence, & j'associai mon farouche ressen-
timent à la barbare R....... que le plus malheureux
des rois avoit prise en Germanie, pour former le
bonheur de ses jours ».

« Nos cœurs furent bientôt unis : le crime le
plus atroce cimenta cette union. Sans égard aux
droits du sang, je souillai la couche nuptiale, &
fis féconder la famille royale. Plus de mystere
alors ; ne respirant plus tous deux que fureur &
vengeance, nous nous assurâmes des ministres ;
nous nous défîmes des gens vertueux dont la gêne
continuelle contrarioit nos desseins. Nous pillâmes
le trésor royal, & le pere du peuple, obsédé de
traitres, ignoroit le malheur de ses enfans, &
l'orage affreux qui menaçoit la monarchie ».

« L'exécrable Polignac, ce monstre détesté,
ce monstre indéfinissable, comme une quatrieme
furie, se joignoit à la cabale, & se fit une gloire
d'en diriger les insignes manœuvres. Adorée de la
R..... à laquelle elle avoit fait adopter ses goûts
infâmes, elle se partageoit alternativement entre
elle & moi, & nous avions formé, par cette
intime réunion, le plus affreux trio.

« Rien ne coûte à cette Mégere ; son ame passa
dans la mienne ; le même génie nous anima ;
nous épuisâmes la France, crime léger, qui ne
suffisoit pas à notre fureur ; la destruction totale
de ses habitans étoit le vœu le plus ardent de
notre cœur ».

(13)

« Condé, Conti, de Guiche, tout aussi lâches,
aussi perfides que nous, augmenterent le nombre
des tyrans de la nation ; nous soufflâmes dans le
cœur de la noblesse l'affreux poison de la discorde.
Nous lui fîmes envisager ses droits, sacrifiés au
titre chimérique de citoyen, & nous en fîmes au-
tant d'ennemis du peuple & de la liberté ».

« Notre ligue, qui paroissoit indestructible,
grossissoit tous les jours. Déja nous ne gardions
plus le secret. Levant insolemment nos têtes al-
tieres, nous rejettions avec dédain les supplica-
tions & les larmes des habitans, rongés par l'affreuse
misere que nous avions fait naître ; quelques jours
de plus, & des fleuves de sang inondoient la capitale ; déja ils se présentoient à nos yeux, & nous
nagions d'avance avec ravissement dans ces four-
ces délicieuses ».

« Les Citoyens massacrés l'un par l'autre, les
habitans égorgés par une troupe de brigands en-
régimentés, aveuglément soumise à nos ordres
barbares ; les cadavres expirans les uns sur les
autres : voilà, mon pere, le trophée que nous
voulions élever à notre gloire immortelle, & le
spectacle enchanteur que nous nous préparions ».

» La ville réduite en un monceau de cendres,
coup d'œil flatteur pour de nouveaux Néron, pré-
sentoit à nos regards la plus agréable perspective,
& les préliminaires les plus sanglans annoncent à
la patrie le signal horrible de la terreur & de la
proscription ».

« Cette affreuse conspiration touchoit au terme
fatal de son exécution, les maisons étoient dési-
gnées, cent mille habitans alloient périr victimes
de notre rage, lorsque la main de l'Etre suprême

détourna les coups cruels que nous allions porter, & l'imprudence trahit nos vues criminelles ».

« Le féroce Lambefc, à la tête d'une troupe de tigres altérés du fang françois, fe livre trop tôt au fentiment qui nous animoit ; aveugle dans fes horribles tranfports, il commence l'alarme générale, & détruit nos projets par fa prompti-tude & fon impatience ».

« Les miniftres de notre rage n'étoient point prêts ; nos fatellites n'étoient point arrivés ; le nombre qui nous avoit vendu leurs bras, & leur vie étoit trop foible pour s'oppofer à la vile populace que nous avions juré d'exterminer ; dé-fenfeurs de fes jours, de fon exiftence, de fa li-berté, les citoyens s'émeutent, s'arment & ren-verfent en un inftant nos plus cheres efpérances ».

« Terribles & bouillonnans de fureur, les vaillans Parifiens menacent nos jours, pour lef-quels nous commençons à trembler. L'horreur fe répand, le fang des traitres coule : prifonniers dans Verfailles, tous les paffages font obftrués, & nous voyons avec douleur le triomphe na-tional ».

» Journée malheureufe, où nous vîmes anéantir nos effroyables deffins ! Les larmes couloient de nos yeux, la rage feule en faifoit naître la fource ; nos amis, nos partifans, les fcélérats ennemis du patriotifme cruellement mutilés, traînés dans la fange, leur coupables têtes portées au bout d'une lance, fembloient préfager le jufte fort qui nous étoit réfervé, & auquel la fuite nous a dérobés ».

« O mon pere, l'indignation fe peint fur votre vifage, & maintenant elle regne dans tous les cœurs. Où fuir, où aller cacher ma honte &

mon affliction ? Quel fera le peuple affez infenfé pour accueillir & protéger le crime, la trahifon & la fcélérateffe ? Comment ofer prétendre à un afyle, à un refuge ? Mon nom feul ne fera-t-il pas le premier chef de ma condamnation ? & ne fera-ce pas rendre un important fervice à l'humanité que de plonger un poignard dans le fein de celui qui vouloit être lui-même le bour- reau d'un peuple entier, pour repaître fes yeux de ce fanglant fpectacle, & faire jouir une femme barbare & impitoyable des fruits de l'horreur qu'elle a conçue & conferve encore dans fon fein pour les François, qui l'adoroient au moment où elle méditoit leur ruine » ?

» Tonnez fur moi, grands Dieux ! que votre foudre écrafe fans miféricorde la déteftable furie, l'objet de mes lâches amours & de mes criminelles complaifances. Périffent de même les infâmes princes qui fervirent nos perfides complots ; qu'un trépas ignominieux foit le falaire des traitres dont la France eft infectée, & qui jouiffent en paix du fruit de leurs honteux larcins ».

» Paris, cette fuperbe cité, reine du monde, en proie à la famine, n'offre qu'un tableau pitoyable, dont la face ne peut changer qu'en détruifaut les monftres qu'elle récele dans fon fein ».

» O maître fuprême des humains, vous exaucez une partie de mes vœux ! un Prévôt des Marchands, le Gouverneur de la Baftille, un Foulon, un Berthier, font déjà les victimes que tu as abandonnées au reffentiment national, maffacrées par un peuple fécouant le joug de l'oppreffion & de la tyrannie. Leur trépas, loin d'exciter la compaffion, fait naître la joie dans tous les cœurs, & les lambeaux fanglans de leurs corps déchirés font les holocauftes offerts a la liberté ».

« Tremblez, Condé, Conti, Bourbon, d'Enghien, & vous, miférables artifans de la mifere des François, que le fort de vos femblables vous infpire un effroi continuel ! & fi vous échappez à la légitime vengeance publique, puiffe l'affreux ferpent du remords déchirer perpétuellement votre fein » !

« Tel eft, ô mon pere, le détail des iniquités que l'orgueil & l'ambition m'ont fait commettre ; je me réfigne à la vengance divine, & recevrai, fans murmurer, le coup qui ne tardera fûrement pas à trancher le fil des jours d'un infame profcrit ».

N. B. On invite le public à ne point ajouter de foi au repentir tardif & forcé de S. A. S. ; on en doit diftinguer toute la fauffeté. Prions feulement l'arbitre des deftinées que fes derniers vœux, tout impofteurs qu'ils font, foient exaucés ; que le defpotifme foit anéanti, les traitres maffacrés, & que nos enfans jouiffent du précieux bonheur de pofféder la liberté dont nous voyons commencer le regne.

F I N.